Impressum
Verlag: BABADADA GmbH, Nedderfeld 112 , 22529 Hamburg
Geschäftsführer / Verlagsleitung: Harald Hof
Druck: Books on Demand GmbH, In de Tarpen 42, 22848 Norderstedt

Imprint
Publisher: BABADADA GmbH, Nedderfeld 112 , 22529 Hamburg, Germany
Managing Director / Publishing direction: Harald Hof
Print: Books on Demand GmbH, In de Tarpen 42, 22848 Norderstedt, Germany

kool

школа

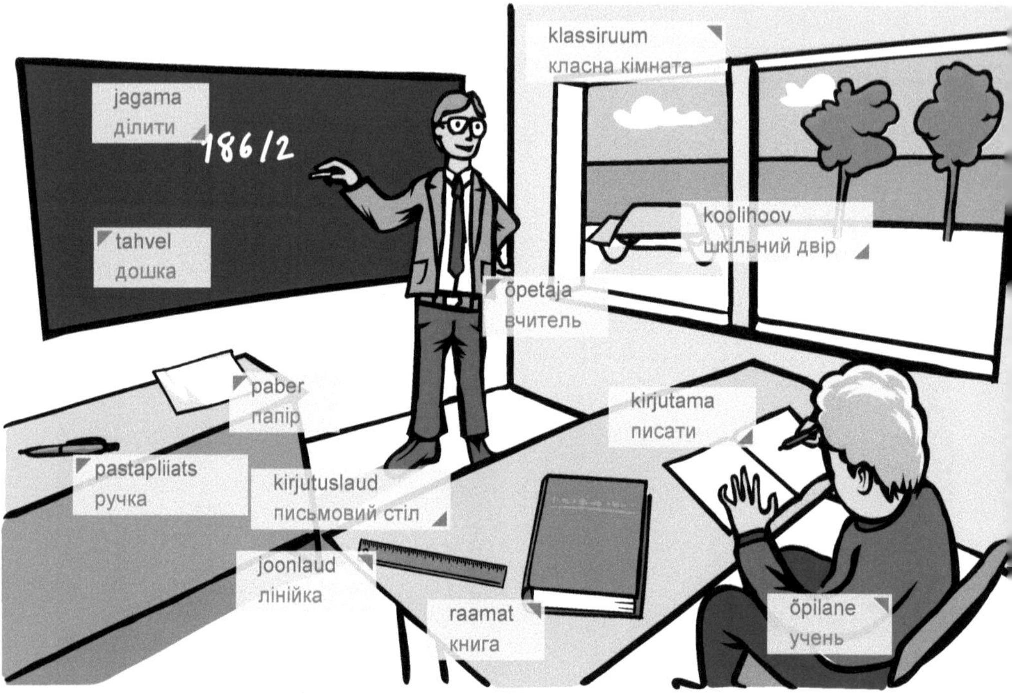

klassiruum
класна кімната
jagama
ділити
186/2
tahvel
дошка
koolihoov
шкільний двір
õpetaja
вчитель
paber
папір
kirjutama
писати
pastapliiats
ручка
kirjutuslaud
письмовий стіл
joonlaud
лінійка
raamat
книга
õpilane
учень

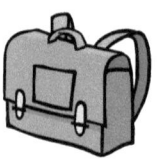

koolikott
ранець

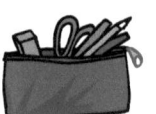

pinal
пенал

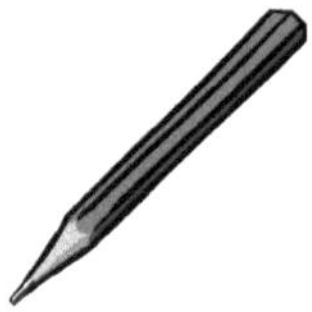

harilik pliiats
олівець

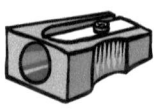

pliiatsiteritaja
точило

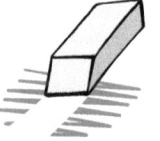

kustukumm
гумка

joonistusplokk
альбом для малювання

joonistus

малюнок

pintsel

пензель

värvikarp

коробка фарб

käärid

ножиці

liim

клей

töövihik

зошит

kodutöö

домашнє завдання

number

число

liitma

додавати

lahutama

віднімати

korrutama

множити

arvutama

рахувати

täht

літера

tähestik

абетка

sõna

слово

tekst

текст

lugema

читати

kriit

крейда

koolitund

година

klassipäevik

класний журнал

eksam

екзамен

tunnistus

диплом

koolivorm

шкільна форма

haridus

освіта

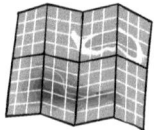

entsüklopeedia

лексикон

ülikool

університет

mikroskoop

мікроскоп

kaart

карта

paberikorv

кошик для паперу

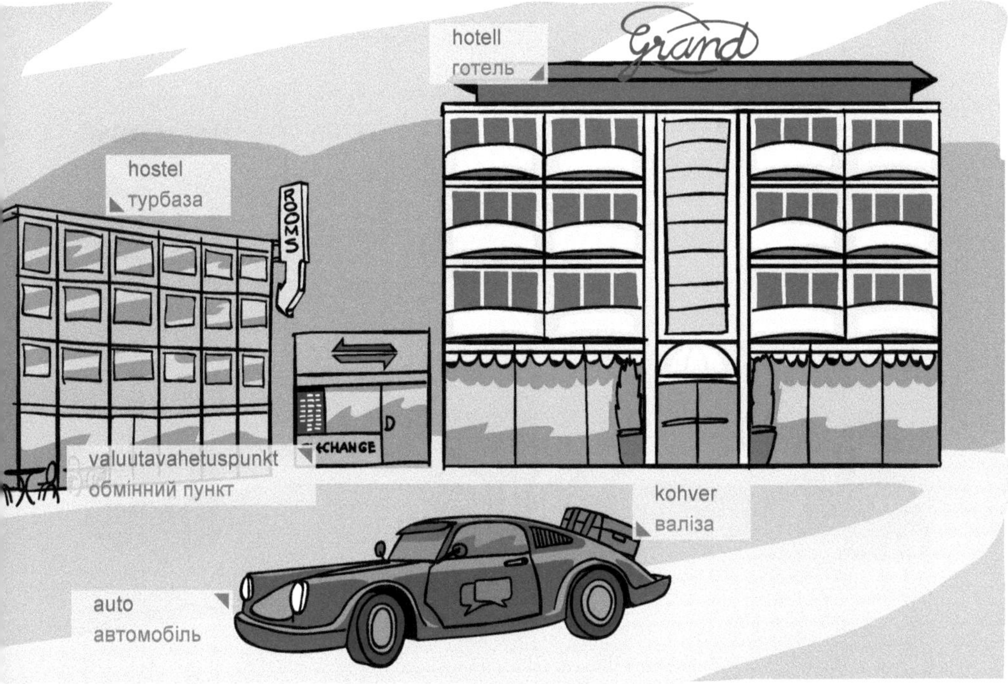

hotell
готель
Grand
hostel
турбаза
ROOMS
valuutavahetuspunkt
обмінний пункт
kohver
валіза
auto
автомобіль

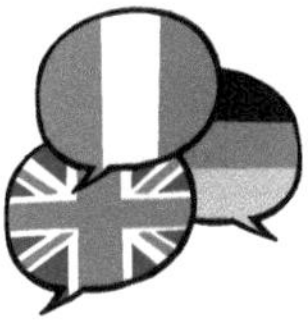

keel

мова

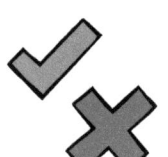

jah / ei

так / ні

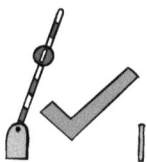

okei

добре

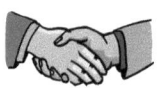

Tere!

привіт

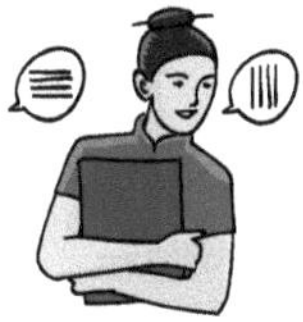

tõlk

перекладач

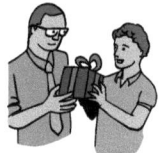

Aitäh!

дякую

Kui palju maksab ...?

Скільки коштує ...?

Ma ei saa aru

Я не розумію

probleem

проблема

Tere õhtust!

Добрий вечір!

Tere hommikust!

Доброго ранку!

Head ööd!

На добраніч!

Head aega!

До побачення

suund

напрямок

pagas

багаж

kott

сумка

seljakott

рюкзак

külaline

гість

tuba

кімната

magamiskott

спальний мішок

telk

намет

turismiinfo

туристична інформація

rand

пляж

krediitkaart

кредитна картка

hommikusöök

сніданок

lõunasöök

обід

õhtusöök

вечеря

pilet

квиток

lift

ліфт

postmark

поштова марка

riigipiir

межа

toll

митниця

saatkond

посольство

viisa

віза

pass

паспорт

transport
транспорт

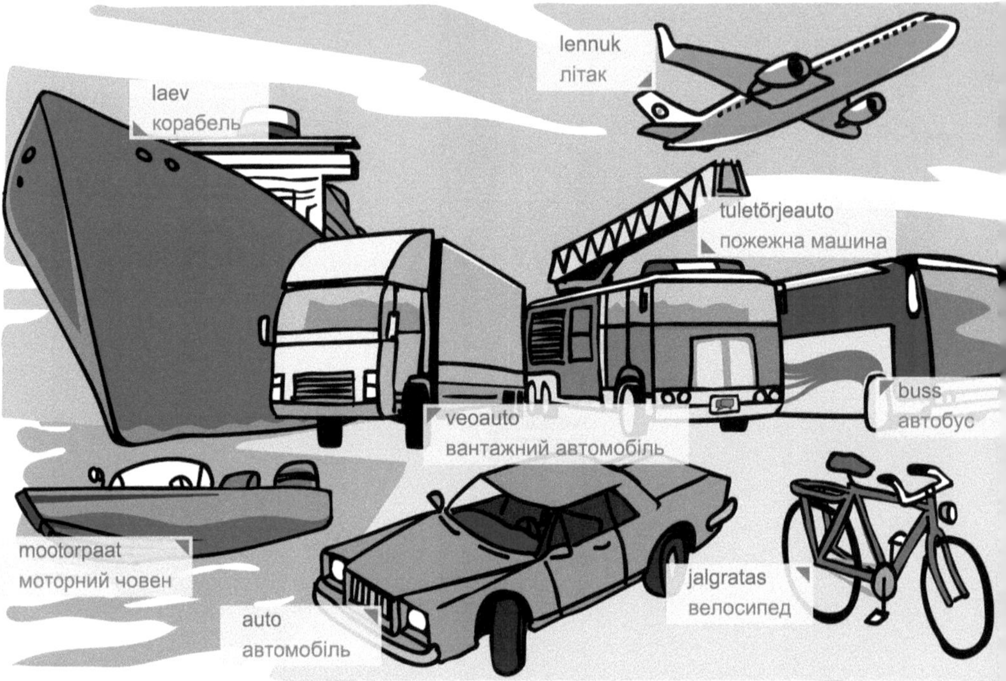
lennuk
літак
laev
корабель
tuletõrjeauto
пожежна машина
buss
автобус
veoauto
вантажний автомобіль
mootorpaat
моторний човен
jalgratas
велосипед
auto
автомобіль

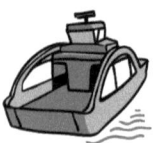

praam
пором

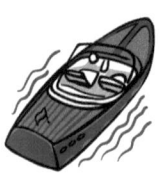

paat
човен

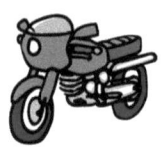

mootorratas
мотоцикл

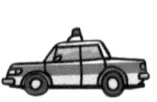

politseiauto
поліцейська машина

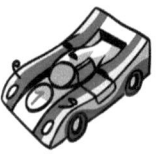

võidusõiduauto
гоночний автомобіль

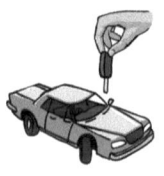

rendiauto
автомобіль на прокат

ühisauto

ільне користування авто

puksiirauto

евакуатор

prügiauto

сміттєвоз

mootor

двигун

kütus

паливо

tankla

автозаправна станція

liiklusmärk

дорожній знак

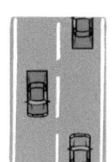

liiklus

рух

liiklusummik

затор

parkla

стоянка

raudteejaam

вокзал

rööpad

рейки

rong

потяг

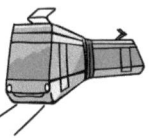

tramm

трамвай

vagun

вагон

helikopter

гелікоптер

lennujaam

аеропорт

torn

вежа

reisija

пасажир

konteiner

контейнер

pappkast

коробка

käru

візок

korv

кошик

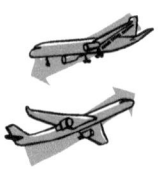

õhku tõusma / maanduma

стартувати / приземлятися

linn

місто

küla

село

kesklinn

центр міста

maja

дім

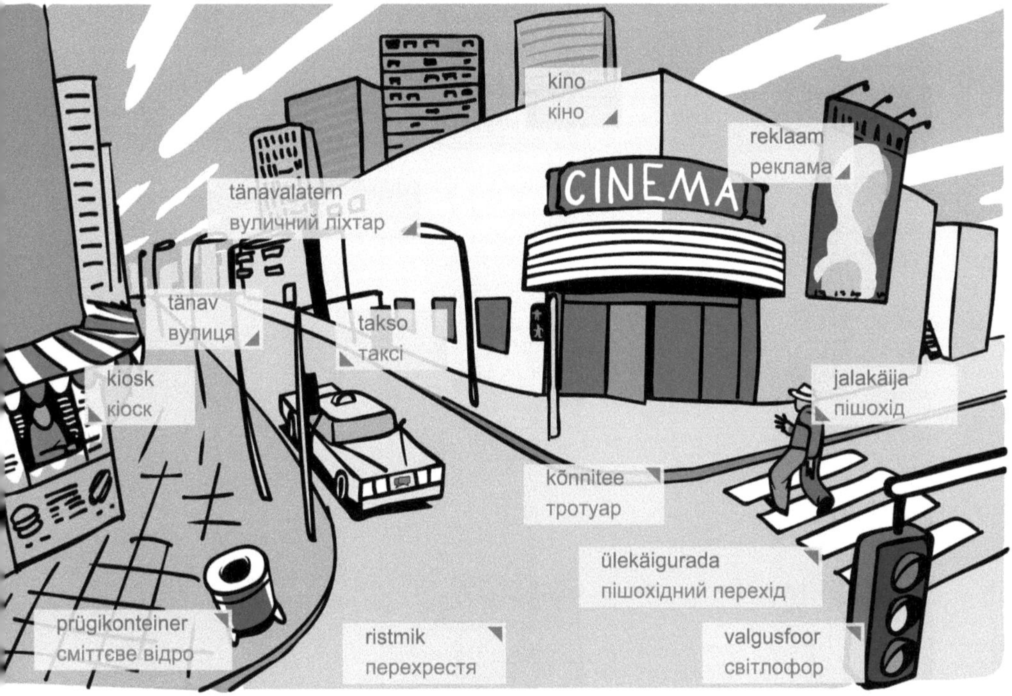

kino
кіно

reklaam
реклама

tänavalatern
вуличний ліхтар

CINEMA

tänav
вулиця

takso
таксі

jalakäija
пішохід

kiosk
кіоск

kõnnitee
тротуар

ülekäigurada
пішохідний перехід

prügikonteiner
сміттєве відро

ristmik
перехрестя

valgusfoor
світлофор

osmik

хатина

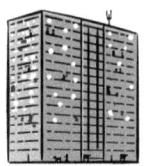

kortermaja

квартира

raudteejaam

вокзал

raekoda

ратуша

muuseum

музей

kool

школа

ülikool

університет

pank

банк

haigla

лікарня

hotell

готель

apteek

аптека

kontor

офіс

raamatupood

книжковий магазин

kauplus

магазин

lillepood

квітковий магазин

supermarket

супермаркет

turg

ринок

kaubamaja

універмаг

kalapood

торговець рибою

kaubanduskeskus

торговельний центр

sadam

гавань

park

....

парк

pink

....

лава

sild

....

міст

trepp

....

сходи

metroo

....

метро

tunnel

....

тунель

bussipeatus

....

автобусна зупинка

baar

....

бар

restoran

....

ресторан

postkast

....

поштова скринька

tänavasilt

....

вулична табличка

parkimisautomaat

....

лічильник паркування

loomaaed

....

зоопарк

ujula

....

басейн

mošee

....

мечеть

talu

ферма

reostus

забруднення
навколишнього
середовища

surnuaed

кладовище

kirik

церква

mänguväljak

дитячий майданчик

tempel

храм

maastik
ландшафт

leht
листок

teeviit
вказівний стовп

tee
шлях

aas
луг

kivi
камінь

puu
дерево

matkaja
мандрівник

jõgi
річка

rohi
трава

lill
квітка

org

долина

mägi

гора

järv

озеро

mets

ліс

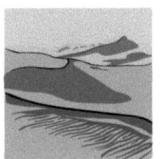

kõrb

пустеля

vulkaan

вулкан

linnus

замок

vikerkaar

веселка

seen

гриб

palm

пальма

sääsk

комар

kärbes

муха

sipelgas

мурашка

mesilane

бджола

ämblik

павук

mardikas

жук

konn

жаба

orav

вивірка

siil

їжак

jänes

заєць

öökull

сова

lind

птах

luik

лебідь

metssiga

кабан

hirv

олень

põder

лось

pais

гребля

tuuleturbiin

вітряк

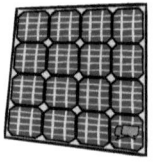

päikesepaneel

сонячний модуль

kliima

клімат

restoran
ресторан

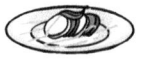

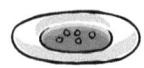

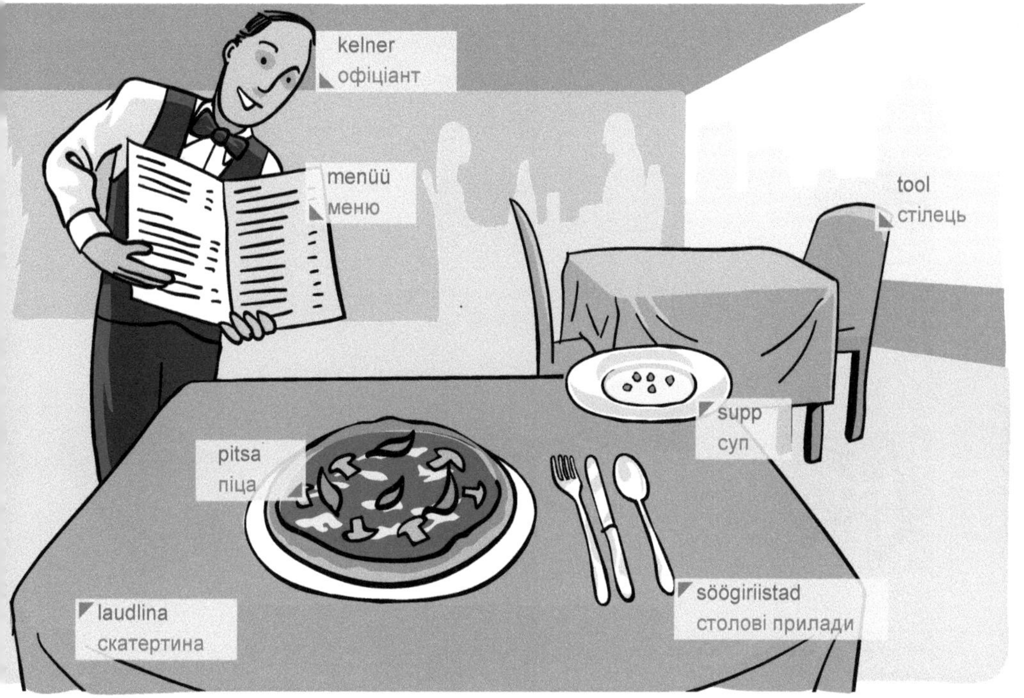

kelner
офіціант
menüü
меню
tool
стілець
supp
суп
pitsa
піца
söögiriistad
столові прилади
laudlina
скатертина

eelroog

закуска

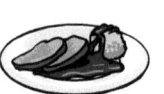

pearoog

друга страва

magustoit

десерт

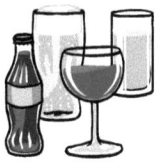

joogid

напої

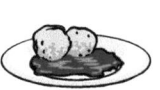

toit

їжа

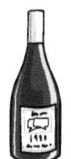

pudel

пляшка

kiirtoit

фаст-фуд

tänavatoit

вулична їжа

teekann

чайник

suhkrutoos

цукорниця

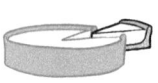

portsjon

порція

espressomasin

еспресо-машина

lastetool

високий стільчик

arve

рахунок

kandik

піднос

nuga

ніж

kahvel

вилка

lusikas

ложка

teelusikas

чайна ложка

salvrätik

серветка

klaas

склянка

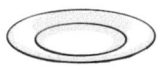

taldrik

тарілка

supitaldrik

тарілка для супу

alustass

блюдце

kaste

соус

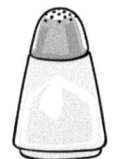

soolatoos

солонка

pipraveski

млин для перцю

äädikas

оцет

õli

масло

vürtsid

спеції

ketšup

кетчуп

sinep

гірчиця

majonees

майонез

supermarket
супермаркет

eripakkumine
пропозиція
FOR
klient
клієнт
piimatooted
молочні продукти
puuviljad
фрукти
ostukäru
візок для покупок

BUTCHERS

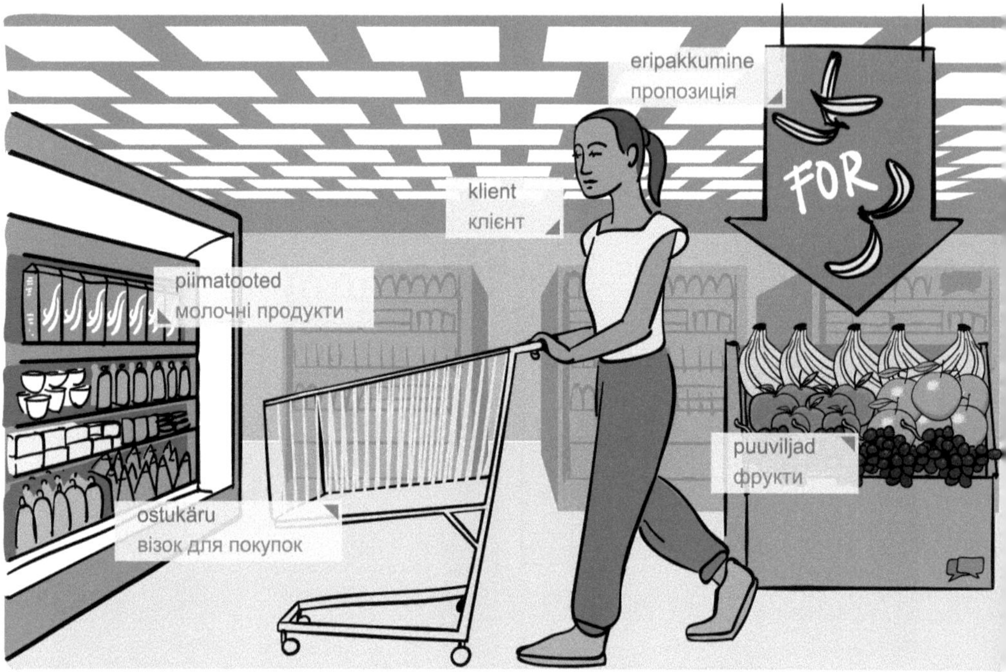

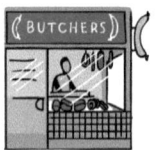

lihapood
м'ясний магазин

BAKERY

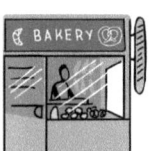

pagariäri
пекарня

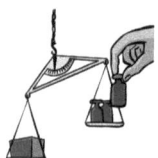

kaaluma
зважувати

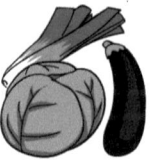

köögiviljad
овочі

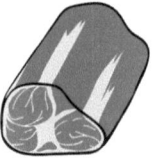

liha
м'ясо

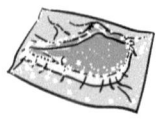

külmutatud toit
заморожені продукти

lihalõigud
ковбасна нарізка

konservid
консерви

pesupulber
пральний порошок

maiustused
солодощи

majatarbed
предмети домашнього побуту

puhastustooted
мийний засіб

müüja
продавщиця

kassaaparaat
каса

kassapidaja
касир

ostunimekiri
список покупок

lahtiolekuajad
часи роботи

rahakott
гаманець

krediitkaart
кредитна картка

kott
сумка

kilekott
поліетиленовий пакет

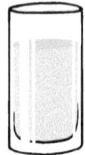

vesi

вода

mahl

сік

piim

молоко

koola

кола

vein

вино

õlu

пиво

alkohol

алкоголь

kakao

какао

tee

чай

kohv

кава

espresso

еспресо

cappuccino

капучіно

banaan

банан

õun

яблуко

apelsin

апельсин

arbuus

кавун

sidrun

лимон

porgand

морква

küüslauk

часник

bambus

бамбук

sibul

цибуля

seen

гриб

pähklid

горішки

nuudlid

локшина

spagetid

спагеті

riis

рис

salat

салат

friikartulid

картопля фрі

praekartulid

смажена картопля

pitsa

піца

hamburger

гамбургер

võileib

бутерброд

šnitsel

шніцель

sink

шинка

salaami

салямі

vorst

ковбаса

kana

курка

praeliha

печеня

kala

риба

kaerahelbed

вівсяні пластівці

müsli

мюслі

maisihelbed

кукурудзяні пластівці

jahu

борошно

sarvesai

круасан

kukkel

булочка

leib

хліб

röstsai

тостовий хліб

küpsised

печиво

või

масло

kohupiim

сир

kook

пиріг

muna

яйце

praemuna

яєчня

juust

сир

jäätis

морозиво

suhkur

цукор

mesi

мед

moos

мармелад

pähklivõie

нуга-крем

karri

карі

talu

ферма

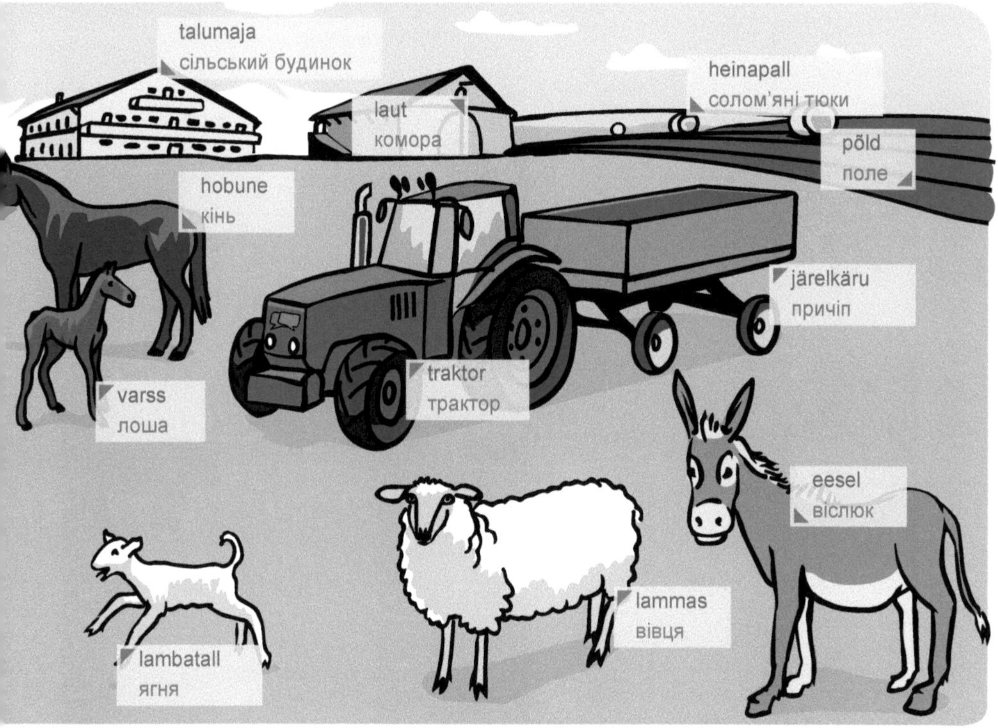

talumaja
сільський будинок
laut
комора
heinapall
солом'яні тюки
põld
поле
hobune
кінь
järelkäru
причіп
traktor
трактор
varss
лоша
eesel
віслюк
lammas
вівця
lambatall
ягня

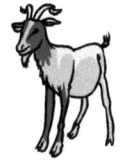

kits

коза

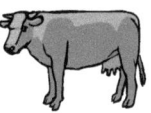

lehm

корова

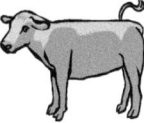

vasikas

теля

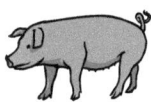

siga

свиня

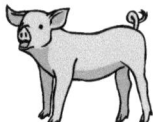

põrsas

порося

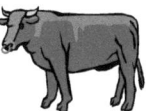

pull

бик

hani

гусак

part

качка

tibu

курча

kana

курка

kukk

півень

rott

щур

kass

кіт

hiir

миша

härg

віл

koer

собака

koerakuut

собача будка

aiavoolik

садовий шланг

kastekann

лійка

vikat

коса

ader

плуг

sirp

серп

kõblas

мотика

hang

вила

kirves

сокира

käru

тачка

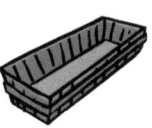

küna

корито

piimanõu

бідон молока

kott

мішок

tara

паркан

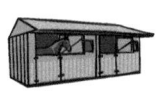

tall

хлів

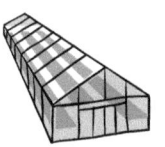

kasvuhoone

теплиця

muld

ґрунт

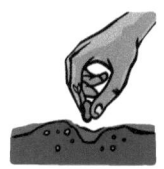

seeme

насіння

väetis

добриво

kombain

комбайн

saaki koristama

пожинати

saagikoristus

урожай

jamss

корінь ямсу

nisu

пшениця

soja

соя

kartul

картопля

mais

кукурудза

raps

ріпак

viljapuu

плодове дерево

maniokk

маніок

teravili

злаки

maja

дім

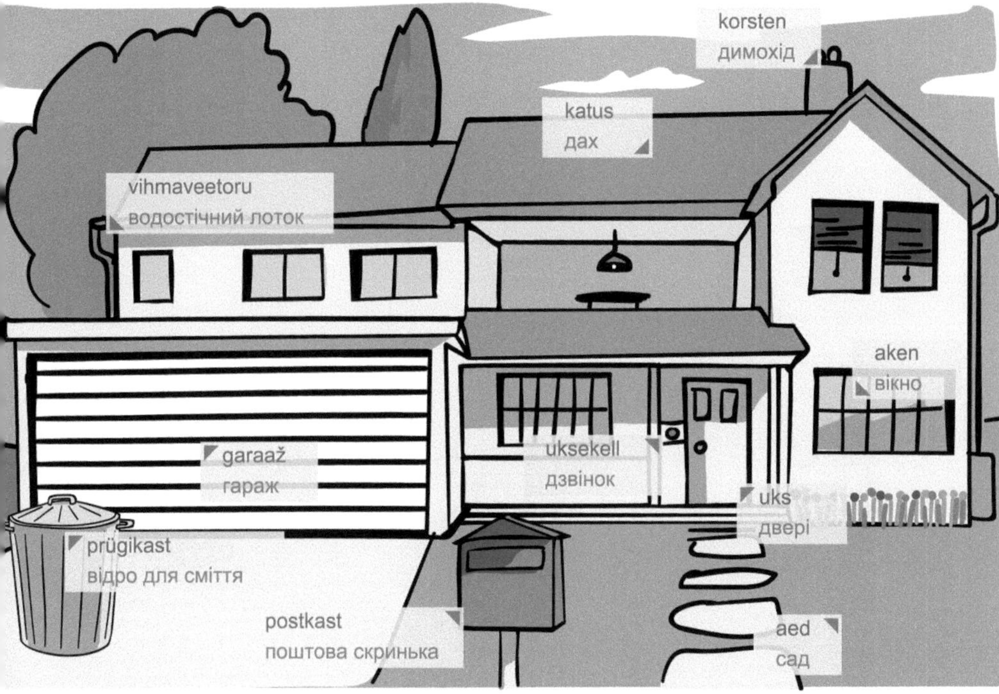
korsten
димохід
katus
дах
vihmaveetoru
водостічний лоток
aken
вікно
garaaž
гараж
uksekell
дзвінок
uks
двері
prügikast
відро для сміття
postkast
поштова скринька
aed
сад

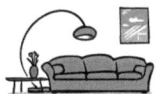

elutuba

вітальня

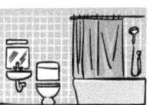

vannituba

ванна кімната

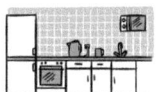

köök

кухня

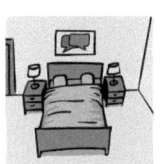

magamistuba

спальня

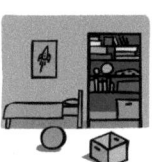

lastetuba

дитяча кімната

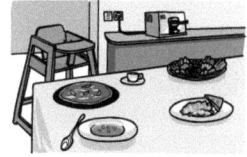

söögituba

їдальня

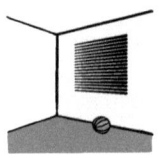

põrand

підлога

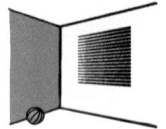

sein

стіна

lagi

стеля

kelder

підвал

saun

сауна

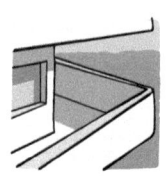

rõdu

балкон

terrass

тераса

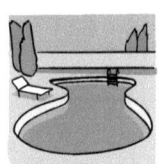

bassein

басейн

muruniiduk

косарка

voodilina

простирало

päevatekk

ковдра

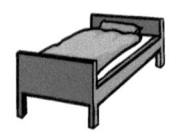

voodi

ліжко

luud

мітла

ämber

відро

lüliti

перемикач

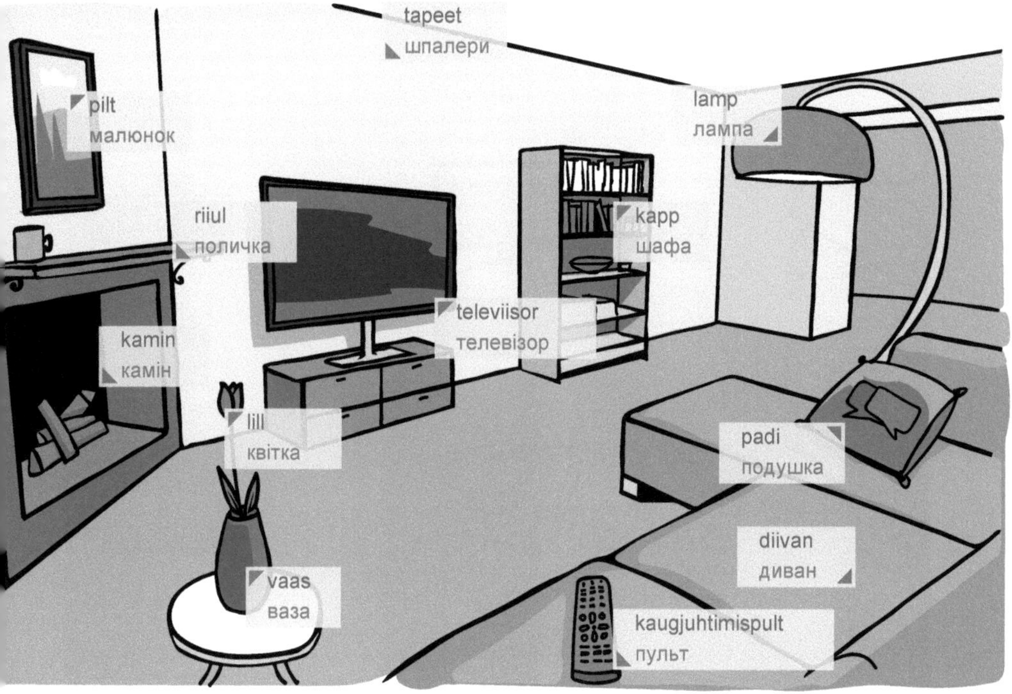

tapeet
шпалери

lamp
лампа

pilt
малюнок

riiul
поличка

kapp
шафа

kamin
камін

televiisor
телевізор

lill
квітка

padi
подушка

diivan
диван

vaas
ваза

kaugjuhtimispult
пульт

vaip

килим

kardin

завіса

laud

стіл

tool

стілець

kiiktool

крісло-гойдалка

tugitool

крісло

raamat

книга

tekk

ковдра

kaunistus

прикраса

küttepuud

дрова

film

фільм

helisüsteem

стереосистема

võti

ключ

ajaleht

газета

maal

картина

plakat

плакат

raadio

радіо

märkmik

блокнот

tolmuimeja

пилосос

kaktus

кактус

küünal

свічка

köök

кухня

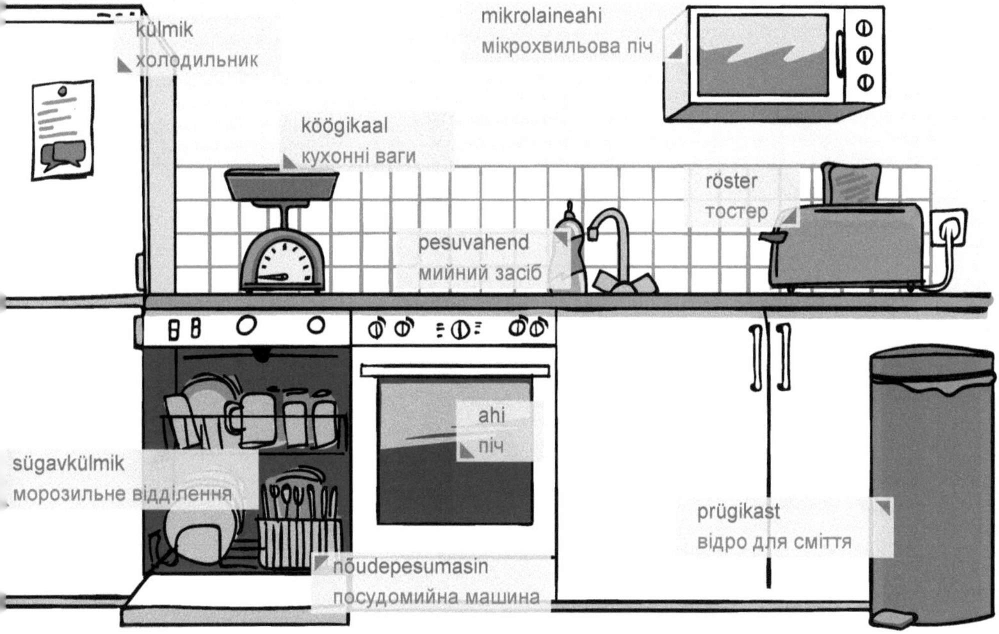
külmik
холодильник
mikrolaineahi
мікрохвильова піч
köögikaal
кухонні ваги
röster
тостер
pesuvahend
мийний засіб
ahi
піч
sügavkülmik
морозильне відділення
prügikast
відро для сміття
nõudepesumasin
посудомийна машина

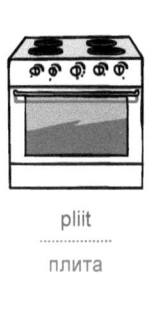

pliit

плита

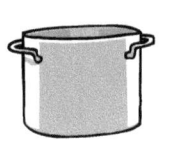

pott

горщик

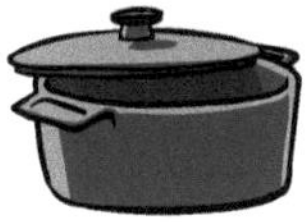

malmpott

чавунний горщик

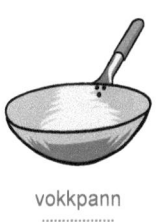

vokkpann

вок / кадай

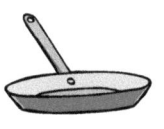

pann

сковорода

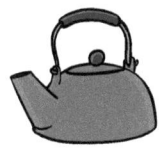

veekeetja

чайник

aurutaja

пароварка

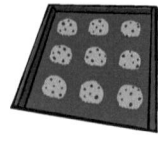

küpsetusplaat

лист

lauanõud

посуд

kruus

кухоль

kauss

чаша

söögipulgad

палички для їжі

kulp

черпак

pannilabidas

лопатка

vispel

вінчик для збивання

kurn

сито

sõel

сито

riiv

терка

uhmer

ступка

grill

барбекю

lahtine tuli

багаття

lõikelaud

дошка

tainarull

качалка

korgitser

штопор

konservipurk

конзерва

konserviavaja

відкривачка

pajakinnas

прихватки

kraanikauss

раковина

hari

щітка

pesukäsn

губка

kannmikser

міксер

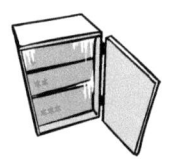

sügavkülmuti

морозильна камера

lutipudel

дитяча пляшка

segisti

кран

vannituba

ванна кімната

küte
опалення
käterätik
рушник
dušš
душ
dušikardin
душова завіса
mullivann
пінистa ванна
vann
ванна
klaas
склянка
pesumasin
пральна машина
segisti
кран
plaadid
плитка
pissipott
горшок
kraanikauss
раковина

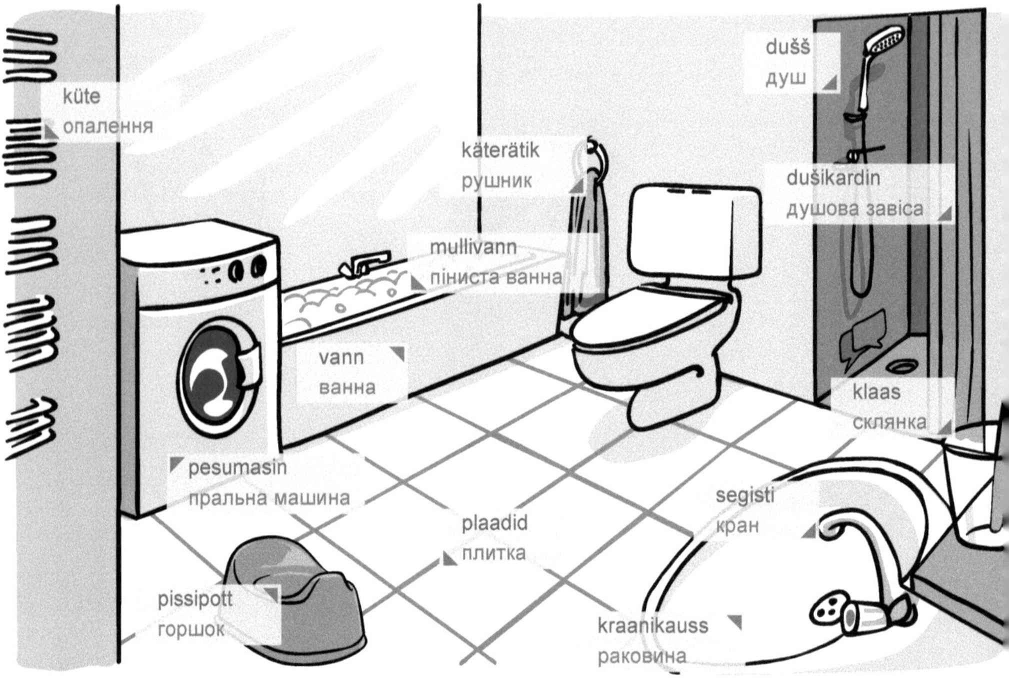

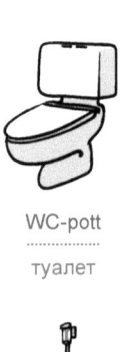

WC-pott

туалет

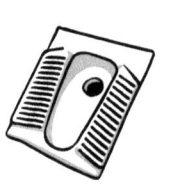

kükitamistualett

підлоговий туалет

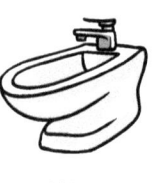

bidee

біде

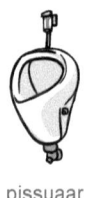

pissuaar

пісуар

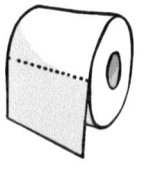

tualettpaber

туалетний папір

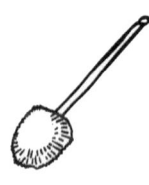

WC-hari

щітка для туалету

hambahari

зубна щітка

hambapasta

зубна паста

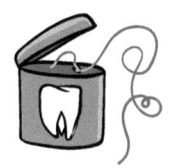

hambaniit

нитка для чищення зубів

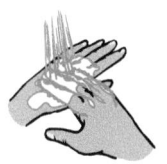

pesema

мити

käsidušš

ручний душ

intiimdušš

інтимний душ

pesukauss

таз

seljahari

щітка для спини

seep

мило

dušigeel

гель для душу

šampoon

шампунь

vamm

мочалка

äravool

водостік

kreem

крем

deodorant

дезодорант

peegel

дзеркало

käsipeegel

косметичне дзеркало

habemenuga

бритва

raseerimisvaht

піна для гоління

habemevesi

лосьйон після гоління

kamm

гребінь

hari

щітка

föön

фен

juukselakk

лак для волосся

meigikomplekt

косметика

huulepulk

губна помада

küünelakk

лак для нігтів

vatt

вата

küünekäärid

ножиці для нігтів

parfüüm

парфум

tualett-tarvete kott

косметичка

taburet

табурет

kaal

ваги

hommikumantel

халат

kummikindad

гумові рукавички

tampoon

тампон

hügieeniside

гігієнічні прокладки

keemiline tualett

біотуалет

lastetuba

дитяча кімната

äratuskell
будильник
pehme mänguasi
м'яка іграшка
mänguauto
іграшковий автомобіль
kõristi
брязкальце
nukumaja
ляльковий будиночок
kingitus
подарунок

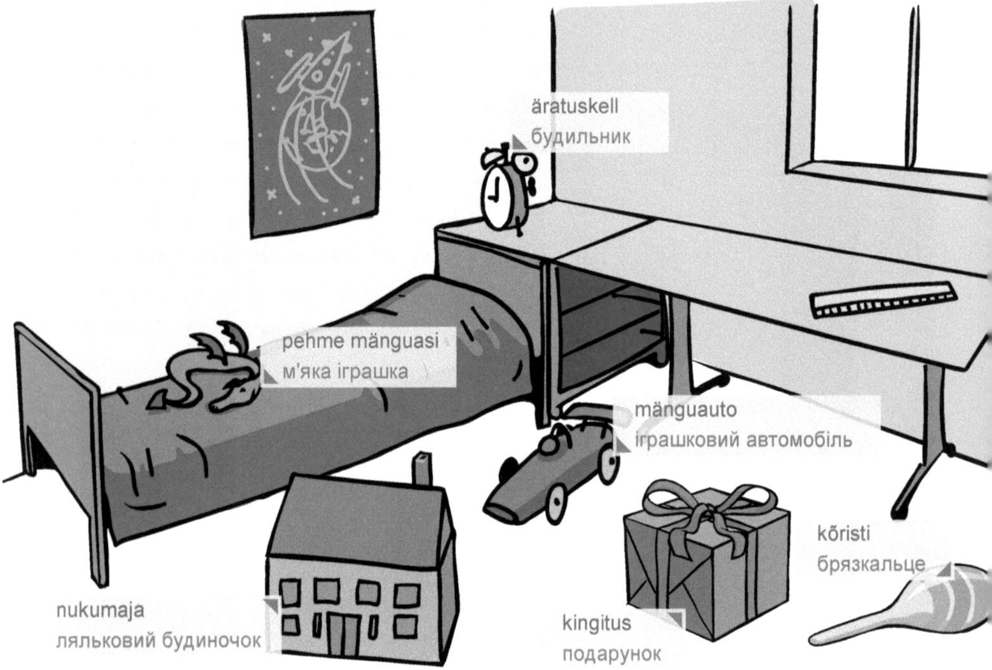

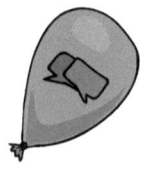

õhupall

повітряна кулька

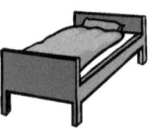

voodi

ліжко

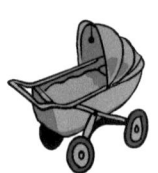

lapsevanker

дитячий візок

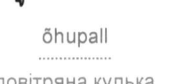

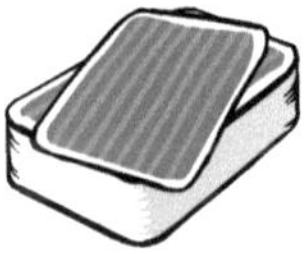

kaardipakk

картярська гра

pusle

пазл

SUPER
MEGA

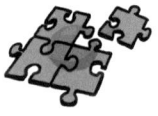

koomiks

комікс

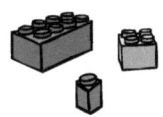

Lego klotsid

лего цеглинки

klotsid

блоки

kujuke

іграшкова фігурка

siputuspüksid

повзунки

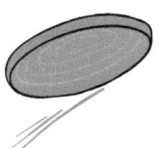

lendav taldrik

фризбі

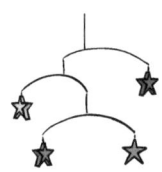

voodikarussell

мобіле

lauamäng

настільна гра

täringud

кубик

mudelrong

модель залізнична станція

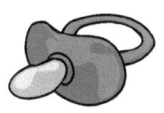

lutt

соска

pidu

вечірка

pildiraamat

книжка з картинками

pall

м'яч

nukk

лялька

mängima

грати

liivakast

пісочниця

kiik

гойдалка

mänguasjad

іграшка

mängukonsool

гральна консоль

kolmerattaline jalgratas

триколісний велосипед

mängukaru

плюшевий мішка

riidekapp

шафа

riietus

одяг

sokid

шкарпетки

sukad

панчохи

sukkpüksid

колготки

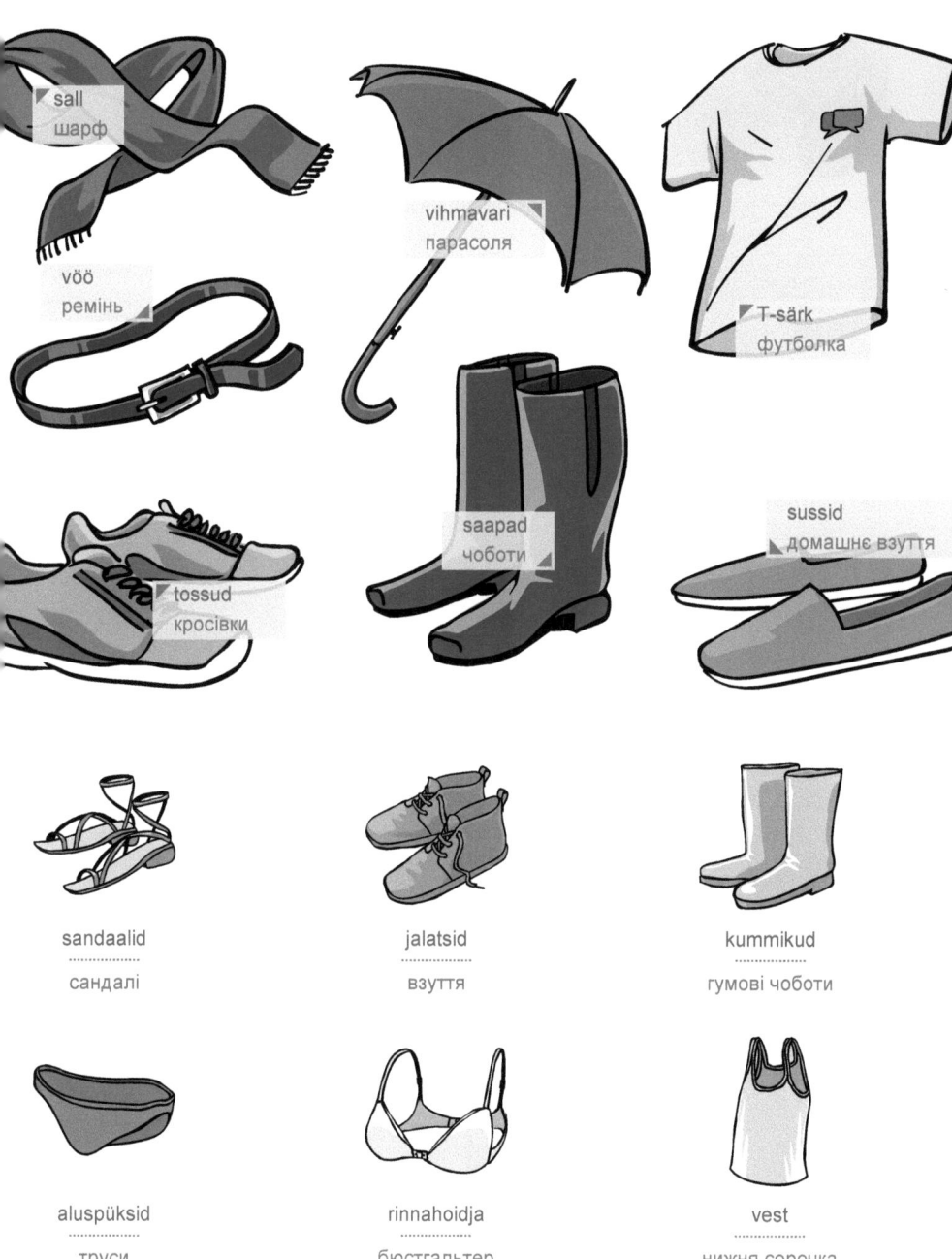

sall
шарф

vöö
ремінь

vihmavari
парасоля

T-särk
футболка

saapad
чоботи

sussid
домашнє взуття

tossud
кросівки

sandaalid
....
сандалі

jalatsid
....
взуття

kummikud
....
гумові чоботи

aluspüksid
....
труси

rinnahoidja
....
бюстгальтер

vest
....
нижня сорочка

bodi

боді

püksid

штани

teksapüksid

джинси

seelik

спідниця

pluus

блузка

särk

сорочка

sviiter

пуловер

dressipluus

светр

bleiser

піджак

jakk

куртка

mantel

пальто

vihmamantel

дощовик

kostüüm

костюм

kleit

сукня

pulmakleit

весільна сукня

ülikond

костюм

öösärk

нічна сорочка

pidžaama

піжама

sari

сарі

pearätt

головна хустка

turban

чалма

burka

бурка

kaftan

кафтан

abayah

абая

ujumistrikoo

купальник

ujumispüksid

плавки

lühikesed püksid

шорти

dressid

тренувальний костюм

põll

фартух

kindad

рукавички

nööp

гудзик

prillid

окуляри

käevõru

браслет

kaelakee

ланцюг

sõrmus

кільце

kõrvarõngas

сережка

nokamüts

шапка

riidepuu

плічка

kaabu

капелюх

lips

краватка

tõmblukk

застібка-блискавка

kiiver

шолом

traksid

підтяжки

koolivorm

шкільна форма

vormirõivad

уніформа

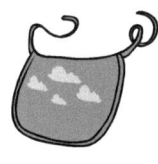

pudipõll

нагрудник

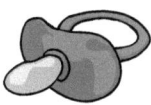

lutt

соска

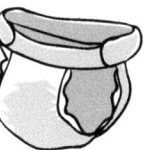

mähe

підгузок

kontor

офіс

server
сервер
arhiivikapp
шаф для документів
printer
принтер
paber
папір
monitor
монітор
kirjutuslaud
письмовий стіл
hiir
миша
kaust
папка
klaviatuur
синтезатор
paberikorv
кошик для паперу
arvuti
комп'ютер
tool
стілець

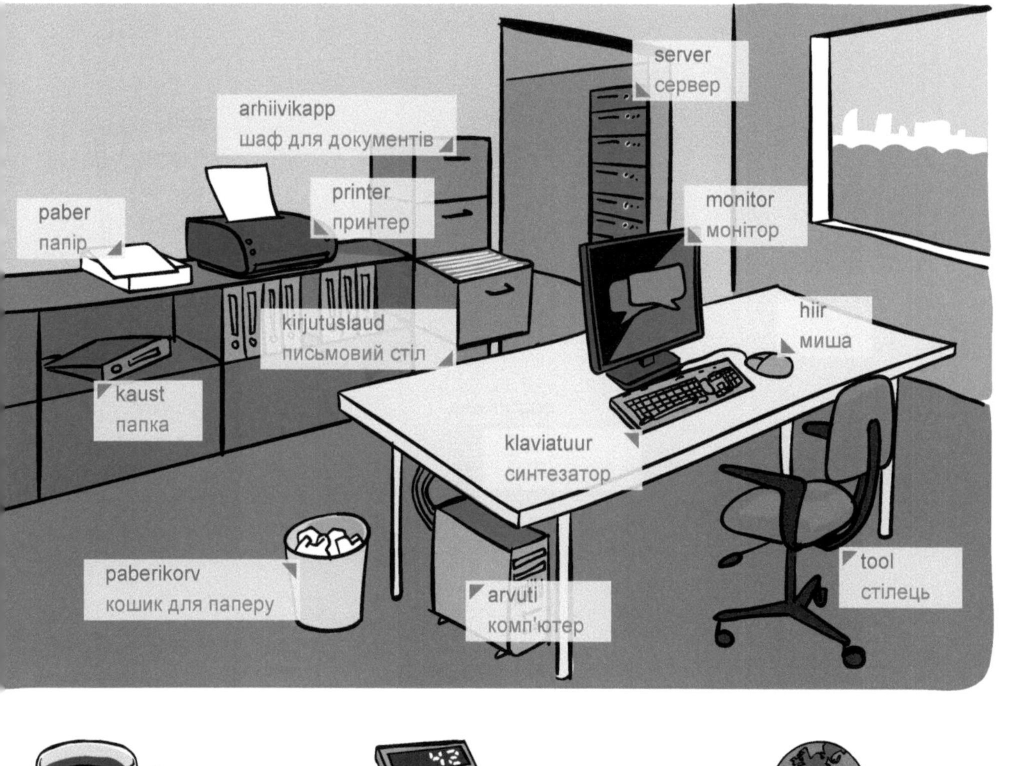

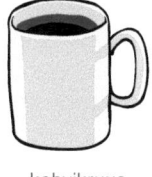

kohvikruus

кавовий кухоль

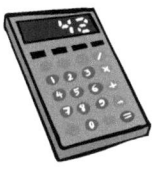

kalkulaator

калькулятор

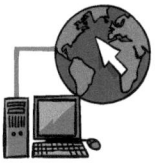

internet

інтернет

sülearvuti

ноутбук

kiri

лист

sõnum

повідомлення

mobiiltelefon

мобільний телефон

võrk

мережа

koopiamasin

копіювальний пристрій

tarkvara

програмне забезпечення

telefon

телефон

pistikupesa

розетка

faksimasin

факс

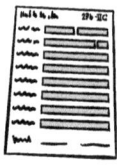

vorm

бланк

dokument

документ

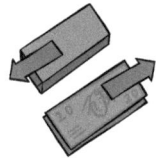

ostma

купувати

maksma

платити

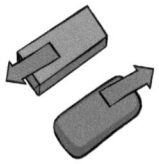

vahetama

торгувати

raha

гроші

dollar

долар

euro

євро

jeen

ієна

rubla

рубль

Šveitsi frank

франк

renminbi jüaan

юанів женьміньбі

ruupia

рупія

sularahaautomaat

банкомат

valuutavahetuspunkt

обмінний пункт

kuld

золото

hõbe

срібло

nafta

нафта

energia

енергія

hind

ціна

leping

контракт

maks

податок

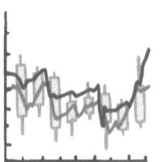

aktsia

акція

töötama

працювати

töötaja

працівник

tööandja

роботодавець

tehas

фабрика

kauplus

магазин

ametid
професії

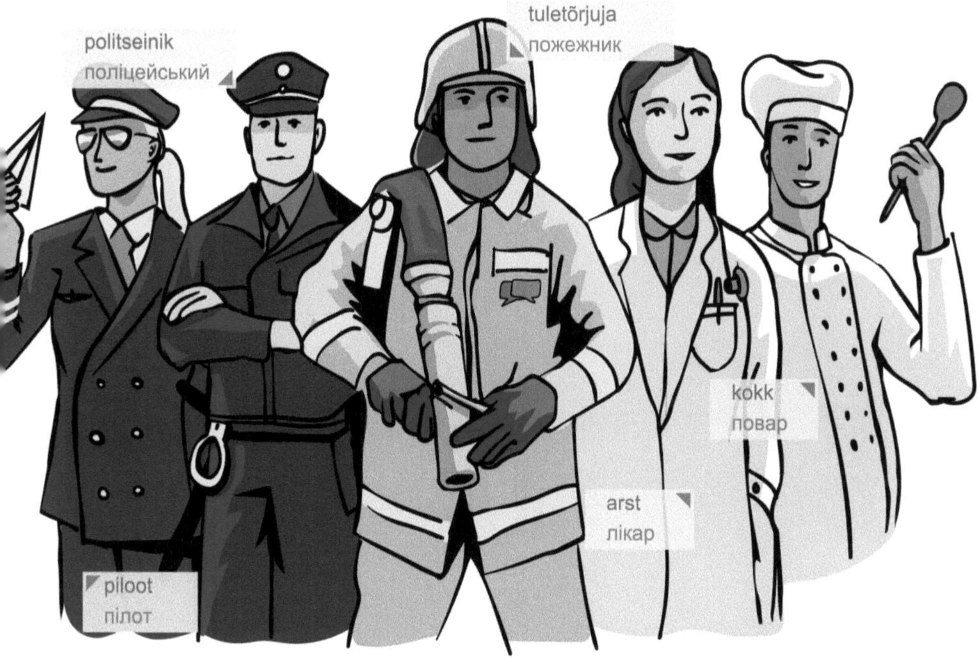
tuletõrjuja
пожежник
politseinik
поліцейський
kokk
повар
arst
лікар
piloot
пілот

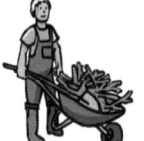

aednik

садівник

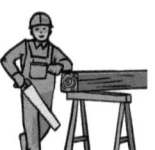

puusepp

столяр

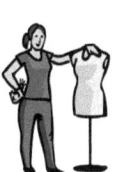

õmbleja

швачка

kohtunik

суддя

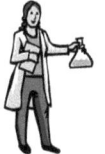

keemik

хімік

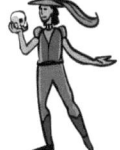

näitleja

актор

bussijuht

водій автобуса

taksojuht

таксист

kalamees

рибалка

koristaja

прибиральниця

katusepaigaldaja

покрівельник

kelner

офіціант

jahimees

мисливець

maaler

художник

pagar

пекар

elektrik

електрик

ehitaja

будівельник

insener

інженер

lihunik

забійник

torumees

бляхар

postiljon

листоноша

sõdur
солдат

arhitekt
архітектор

kassapidaja
касир

lillemüüja
флорист

juuksur
перукар

piletikontrolör
кондуктор

mehaanik
механік

kapten
капітан

hambaarst
дантист

teadlane
вчений

rabi
рабин

imaam
імам

munk
монах

preester
пастор

tööriistad
інструменти

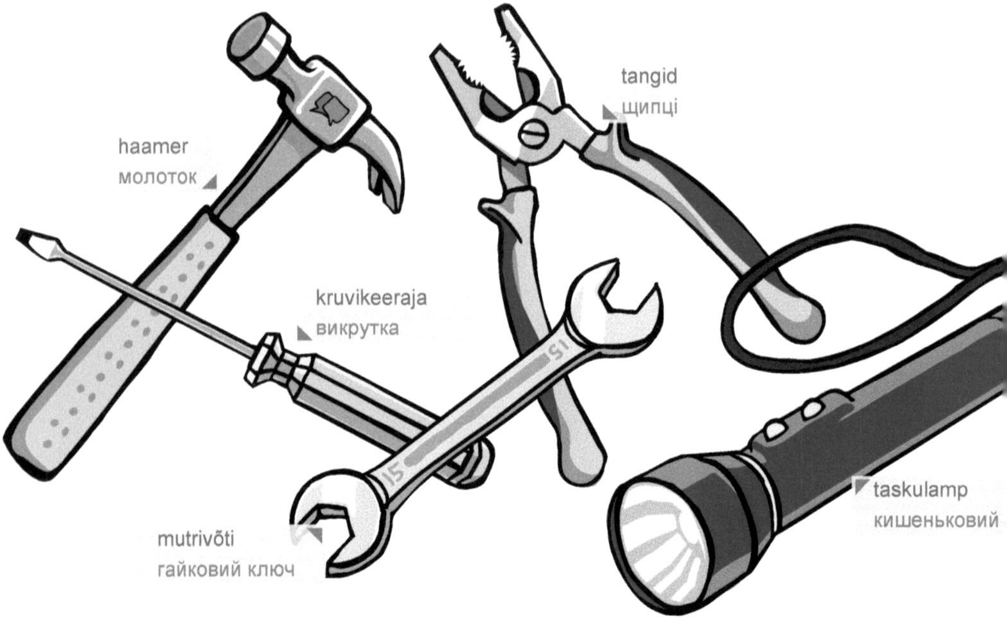

haamer
молоток
tangid
щипці
kruvikeeraja
викрутка
mutrivõti
гайковий ключ
taskulamp
кишеньковий

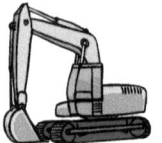

ekskavaator

екскаватор

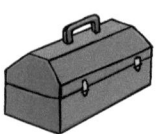

tööriistakast

ящик для інструментів

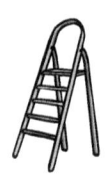

redel

драбина

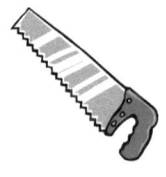

saag

пилка

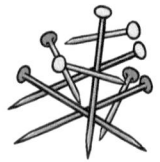

naelad

цвяхи

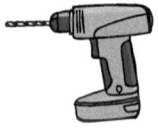

trell

свердло

parandama

ремонтувати

labidas

лопата

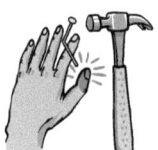

Põrgusse!

лайно!

kühvel

совок

värvipott

відро з фарбою

kruvid

гвинти

pillid

музичні інструменти

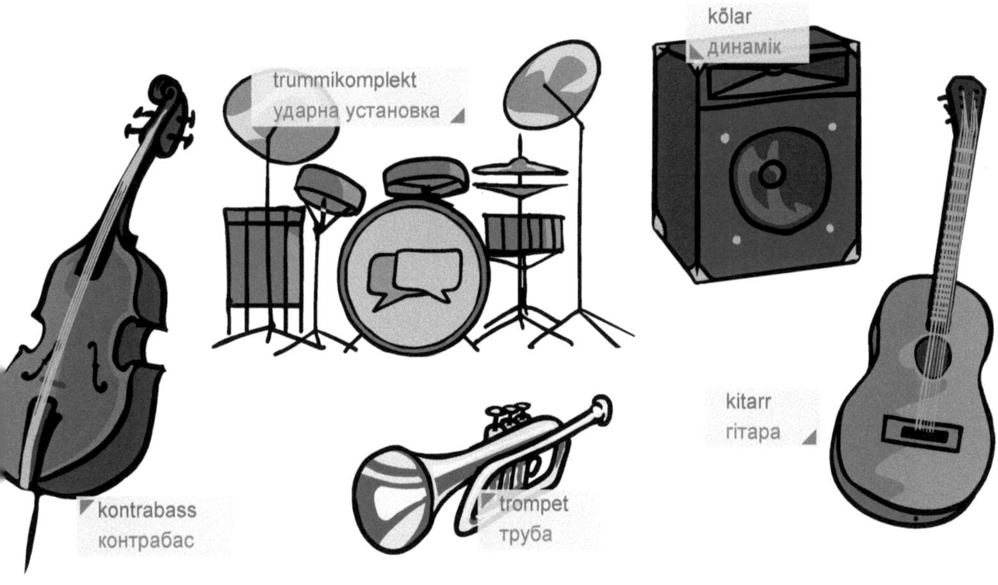

trummikomplekt
ударна установка

kõlar
динамік

kitarr
гітара

kontrabass
контрабас

trompet
труба

klaver

фортепіано

viiul

скрипка

bass

бас

timpan

литаври

trummid

барабан

süntesaator

клавіатура

saksofon

саксофон

flööt

флейта

mikrofon

мікрофон

tiiger
тигр

sissepääs
вхід

puur
клітка

sebra
зебра

loomasööt
корм

panda
панда

loomad

тварини

elevant

слон

känguru

кенгуру

ninasarvik

носоріг

gorilla

горила

karu

ведмідь

kaamel

верблюд

jaanalind

страус

lõvi

лев

ahv

мавпа

flamingo

фламінго

papagoi

папуга

jääkaru

білий ведмідь

pingviin

пінгвін

hai

акула

paabulind

павич

madu

змія

krokodill

крокодил

loomaaiatalitaja

працівник зоопарку

hüljes

тюлень

jaaguar

ягуар

loomaaed - зоопарк

poni

поні

leopard

леопард

jõehobu

гіпопотам

kaelkirjak

жираф

kotkas

орел

metssiga

кабан

kala

риба

kilpkonn

черепаха

morsk

морж

rebane

лисиця

gasell

газель

Ameerika jalgpall
американський футбол

jalgrattasõit
їзда на велосипеді

tennis
теніс

korvpall
баскетбол

ujumine
плавання

poksimine
бокс

jäähoki
хокей

jalgpall
футбол

sulgpall
бадмінтон

kergejõustik
легка атлетика

käsipall
гандбол

suusatamine
лижні перегони

polo
поло

naerma
сміятися

hüppama
стрибати

kallistama
обіймати

jalutama
йти

laulma
співати

unistama
мріяти

palvetama
молитися

suudlema
цілувати

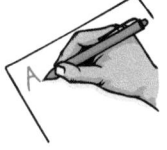

kirjutama

писати

joonistama

малювати

näitama

показувати

lükkama

тиснути

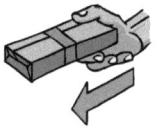

andma

давати

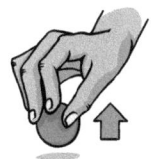

võtma

брати

omama

мати

tegema

робити

olema

бути

seisma

стояти

jooksma

бігати

tõmbama

тягнути

viskama

кидати

kukkuma

падати

lamama

лежати

ootama

очікувати

kandma

носити

istuma

сидіти

riidesse panema

одягати

magama

спати

ärkama

просипатися

vaatama

дивитися

nutma

плакати

paitama

гладити

kammima

розчісувати

rääkima

розмовляти

aru saama

розуміти

küsima

питати

kuulama

слухати

jooma

пити

sööma

їсти

korrastama

прибирати

armastama

любити

süüa tegema

варити

sõitma

їхати

lendama

літати

purjetama

йти під вітрилом

arvutama

рахувати

lugema

читати

õppima

вчитися

töötama

працювати

abielluma

одружуватися

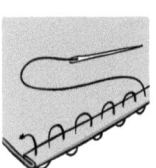

õmblema

шити

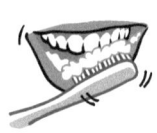

hambaid pesema

чистити зуби

tapma

убивати

suitsetama

курити

saatma

посилати

perekond

сім'я

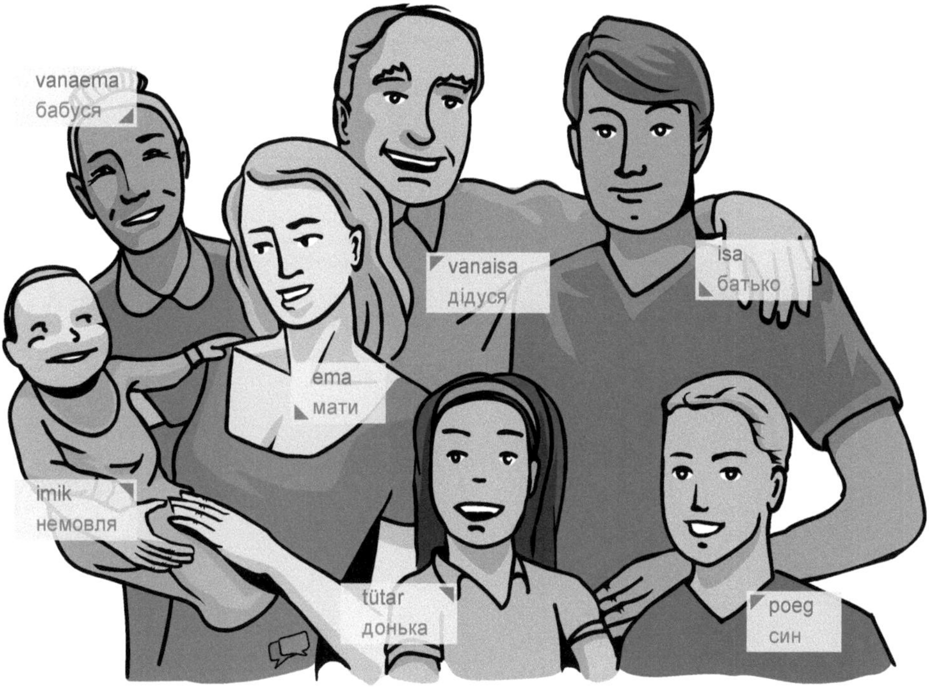
vanaema
бабуся
vanaisa
дідуся
isa
батько
ema
мати
imik
немовля
tütar
донька
poeg
син

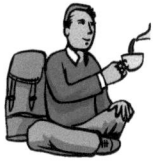

külaline
гість

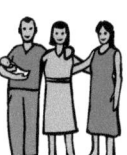

tädi
тітка

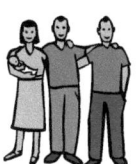

onu
дядько

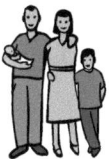

vend
брат

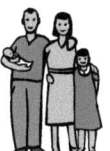

õde
сестра

keha

тіло

otsmik
чоло
silm
око
õlg
плече
sõrm
палець
nägu
обличчя
lõug
підборіддя
käsi
кисть
jalg
нога
rind
груди
käsivars
рука

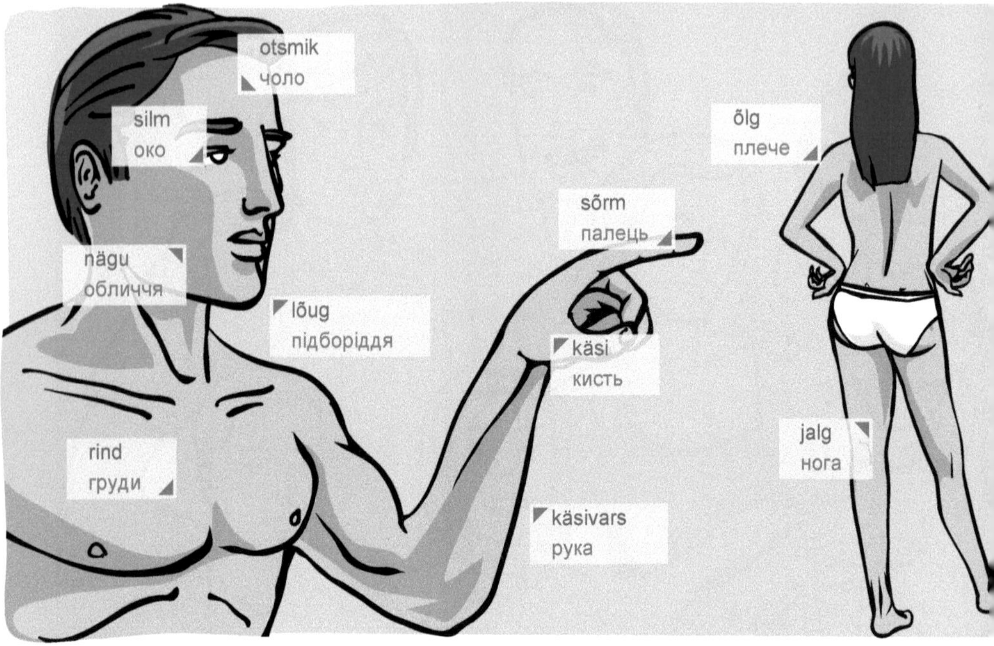

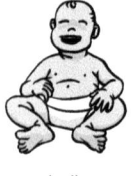

imik
немовля

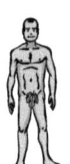

mees
чоловік

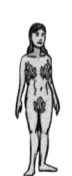

naine
жінка

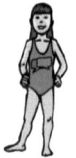

tüdruk
дівчина

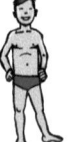

poiss
хлопчик

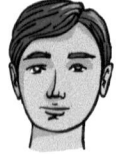

pea
голова

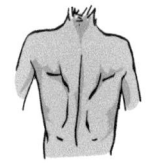

selg

спина

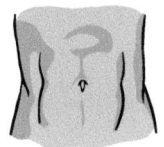

kõht

живіт

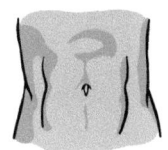

naba

пуп

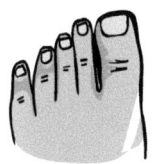

varvas

палець ноги

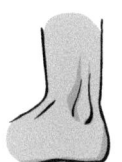

kand

п'ята

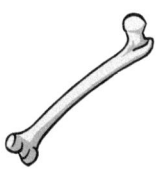

luu

кістка

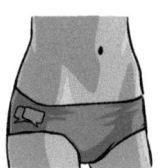

puus

стегно

põlv

коліно

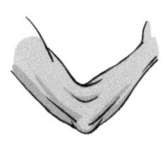

küünarnukk

лікоть

nina

ніс

tagumik

сідниці

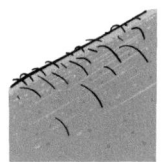

nahk

шкіра

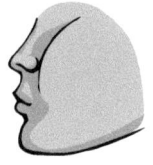

põsk

щока

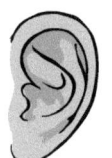

kõrv

вухо

huuled

губа

keha - тіло

suu

рот

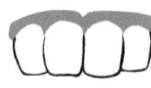

hammas

зуб

keel

язик

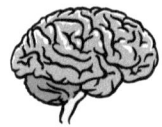

aju

мозок

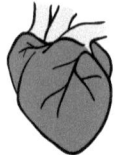

süda

серце

lihas

м'яз

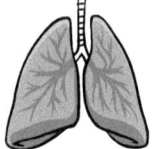

kops

легені

maks

печінка

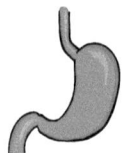

magu

шлунок

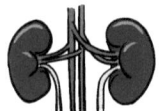

neerud

нирки

seksuaalvahekord

статевий акт

kondoom

презерватив

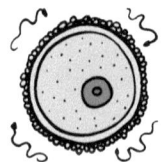

munarakk

яйцеклітина

sperma

сперма

rasedus

вагітність

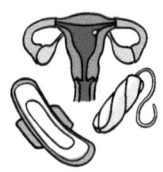

menstruatsioon

менструація

vagiina

вагіна

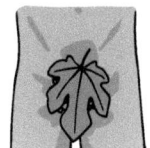

peenis

пеніс

kulm

брова

juuksed

волосся

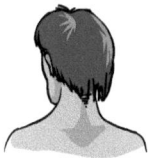

kael

шия

haigla

лікарня

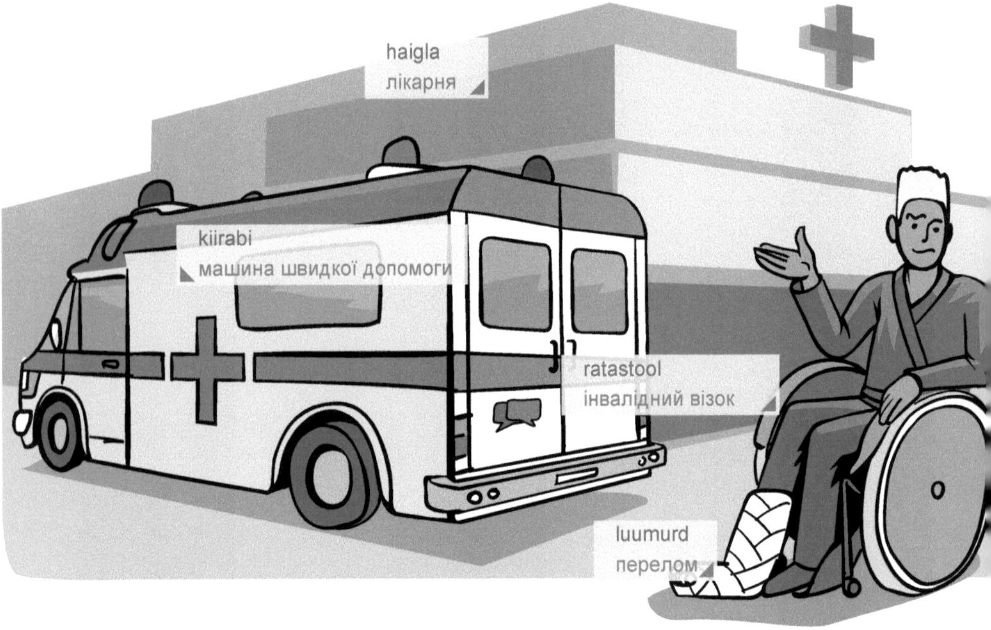

haigla
лікарня
kiirabi
машина швидкої допомоги
ratastool
інвалідний візок
luumurd
перелом

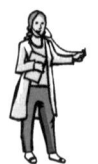

arst

лікар

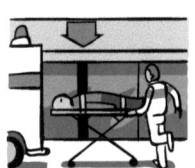

traumapunkt

відділення швидкої медичної допомоги

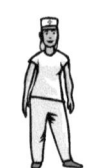

meditsiiniõde

медсестра

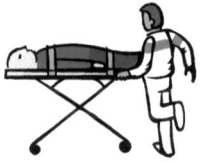

hädaolukord

аварійний випадок

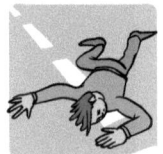

teadvuseta

непритомний

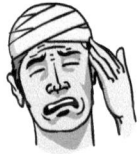

valu

біль

vigastus

травма

verejooks

кровотеча

südamerabandus

інфаркт

insult

інсульт

allergia

алергія

köha

кашель

palavik

лихоманка

gripp

грип

kõhulahtisus

пронос

peavalu

головна біль

vähk

рак

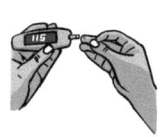

diabeet

діабет

kirurg

хірург

skalpell

скальпель

operatsioon

операція

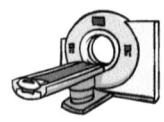

KT
KT

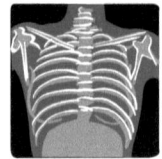

röntgen
рентген

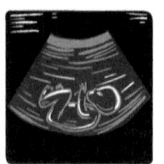

ultraheli
ультразвук

mask
маска

haigus
хвороба

ooteruum
зал очікування

kark
милиця

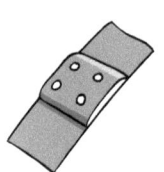

kips
пластир

side
пов'язка

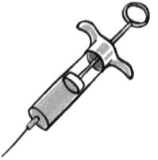

süst
ін'єкція

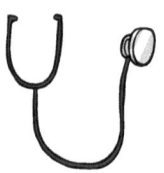

stetoskoop
стетоскоп

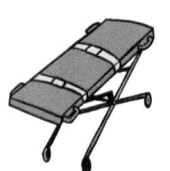

kanderaam
ноші

kraadiklaas
термометр

sünd
народження

ülekaaluline
надмірна вага

kuuldeaparaat

слуховий апарат

desinfektsioonivahend

дезінфікуючий засіб

põletik

інфекція

viirus

вірус

HIV / AIDS

ВІЛ / СНІД

meditsiin

медицина

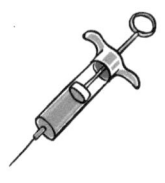

vaktsineerimine

вакцинація

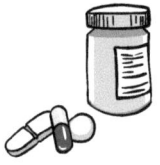

tabletid

таблетки

pill

протизаплідна пігулка

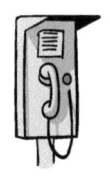

hädaabikõne

екстрений виклик

vererõhuaparaat

тонометр

haige / terve

хворий / здоровий

Appi!

Допоможіть!

häire

сигнал тривоги

kallaletung

напад

rünnak

атака

oht

небезпека

avariiväljapääs

аварійний вихід

Tulekahju!

Вогонь!

tulekustuti

вогнегасник

õnnetus

аварія

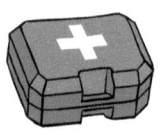

esmaabikomplekt

аптечка

SOS

СОС

politsei

поліція

Euroopa

Європа

Põhja-Ameerika

Північна Америка

Lõuna-Ameerika

Південна Америка

Aafrika

Африка

Aasia

Азія

Austraalia

Австралія

Atlandi ookean

Атлантика

Vaikne ookean

Тихий океан

India ookean

Індійський океан

Lõuna-Jäämeri

Антарктичний океан

Põhja-Jäämeri

Північний Льодовитий
океан

põhjapoolus

Північний полюс

Iõunapoolus

Південний полюс

Antarktika

Антарктика

Maa

Земля

maismaa

суша

meri

море

saar

острів

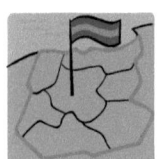

rahvus

нація

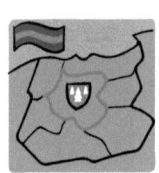

riik

держава

sihverplaat

циферблат

tunniosuti

годинникова стрілка

minutiosuti

хвилинна стрілка

sekundiosuti

секундна стрілка

Mis kell on?

Котра година?

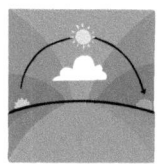

päev

день

aeg

час

praegu

зараз

digitaalne kell

цифровий годинник

minut

хвилина

tund

година

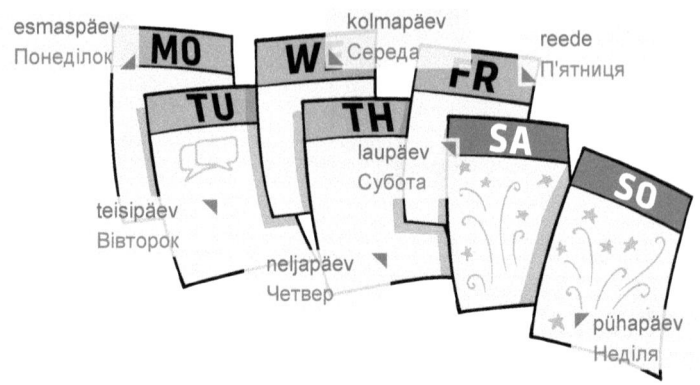

esmaspäev
Понеділок

kolmapäev
Середа

reede
П'ятниця

teisipäev
Вівторок

neljapäev
Четвер

laupäev
Субота

pühapäev
Неділя

eile

вчора

täna

сьогодні

homme

завтра

hommik

ранок

lõuna

опівдні

õhtu

вечір

tööpäevad

робочі дні

nädalavahetus

кінець робочого тижня

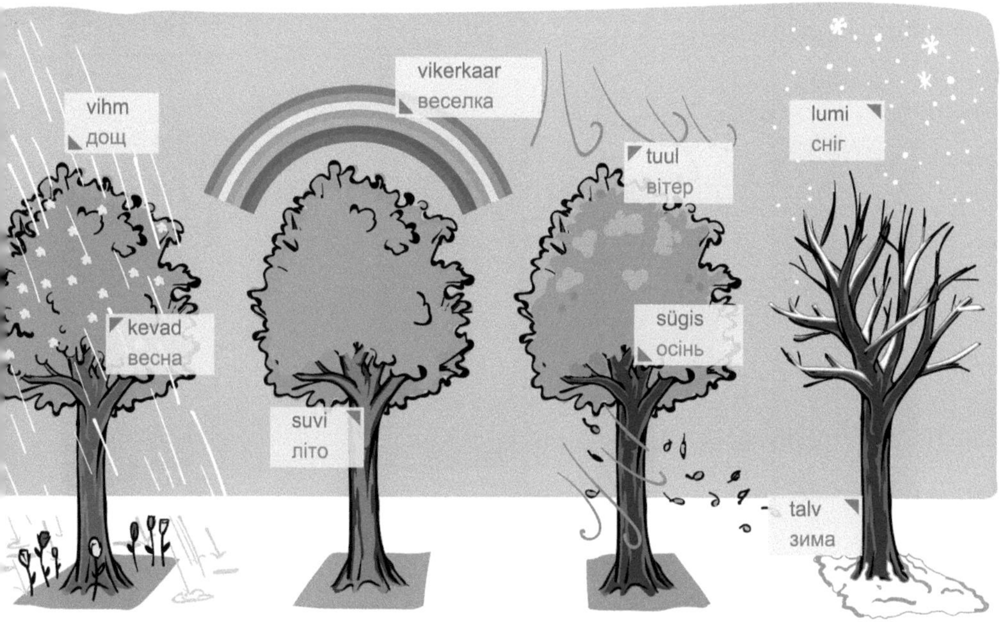

vihm
дощ
vikerkaar
веселка
lumi
сніг
tuul
вітер
kevad
весна
sügis
осінь
suvi
літо
talv
зима

4.APRIL 11°
5.APRIL 4°
6.APRIL 13°
7.APRIL 8°
8.APRIL 10°

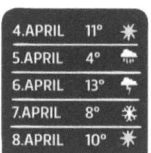

ilmaennustus

прогноз погоди

F
C
120
90
60
30
0
-30
40
30
20
10
0
-10
-20

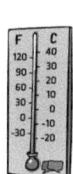

termomeeter

термометр

päikesepaiste

сонячне світло

pilv

хмара

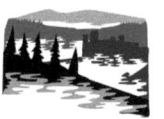

udu

туман

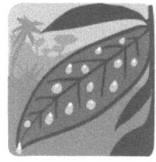

niiskus

вологість повітря

pikne

блискавка

kõu

грім

torm

шторм

rahe

град

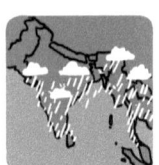

mussoon

мусон

üleujutus

повінь

jää

лід

jaanuar

Січень

veebruar

Лютий

märts

Березень

aprill

Квітень

mai

Травень

juuni

Червень

juuli

Липень

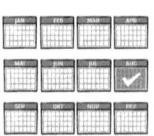

august

Серпень

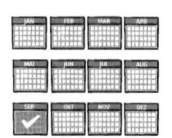

september
Вересень

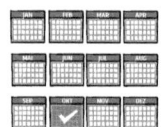

oktoober
Жовтень

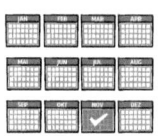

november
Листопад

detsember
Грудень

kujundid
форми

ring
круг

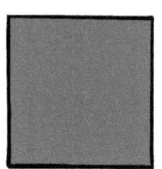

ruut
квадрат

nelinurk
прямокутник

kolmnurk
трикутник

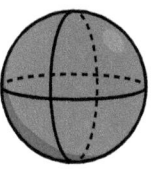

kera
куля

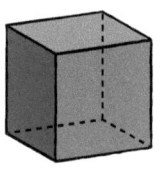

kuup
куб

värvid

фарби

valge

білий

kollane

жовтий

oranž

помаранчевий

roosa

рожевий

punane

червоний

lilla

фіолетовий

sinine

синій

roheline

зелений

pruun

коричневий

hall

сірий

must

чорний

palju / vähe

багато / мало

vihane / rahulik

лютий / мирний

ilus / inetu

гарний / бридкий

algus / lõpp

початок / кінець

suur / väike

великий / малий

hele / tume

світлий / темний

vend / õde

брат / сестра

puhas / must

чистий / брудний

täielik / puudulik

завершений /
незавершений

päev / öö

день / ніч

surnud / elus

мертвий / живий

lai / kitsas

широкий / вузький

söödav / mittesöödav

їстівний / неїстівний

kuri / sõbralik

злий / дружній

põnevil / tüdinud

збуджений / нудьгуючий

paks / peenike

товстий / тонкий

esimene / viimane

спочатку / востаннє

sõber / vaenlane

друг / ворог

täis / tühi

повний / порожній

kõva / pehme

жорсткий / м'який

raske / kerge

важкий / легкий

nälg / janu

голод / спрага

haige / terve

хворий / здоровий

ebaseaduslik / seaduslik

незаконний / законний

tark / rumal

розумний / дурний

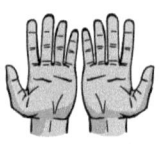

vasak / parem

вліво / вправо

lähedal / kaugel

поруч / далеко

uus / kasutatud

новий / використаний

mitte midagi / midagi

нічого / щось

vana / noor

старий / молодий

sees / väljas

вкл / викл

lahti / kinni

відкрито / закрито

vaikne / vali

тихо / гучно

rikas / vaene

багатий / бідний

õige / vale

правильно / неправильно

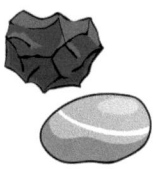

kare / sile

шорсткий / гладкий

kurb / rõõmus

сумний / щасливий

lühike / pikk

короткий / довгий

aeglane / kiire

повільно / швидко

märg / kuiv

вологий / сухий

soe / jahe

гарячий / холодний

sõda / rahu

війна / мир

0 null нуль

1 üks один

2 kaks два

3 kolm три

4 neli чотири

5 viis п'ять

6 kuus шість

7 seitse сім

8 kaheksa вісім

9 üheksa дев'ять

10 kümme десять

11 üksteist одинадцять

12

kaksteist

дванадцять

13

kolmteist

тринадцять

14

neliteist

чотирнадцять

15

viisteist

п'ятнадцять

16

kuusteist

шістнадцять

17

seitseteist

сімнадцять

18

kaheksateist

вісімнадцять

19

üheksateist

дев'ятнадцять

20

kakskümmend

двадцять

100

sada

сто

1.000

tuhat

тисяча

1.000.000

miljon

мільйон

мови

inglise

англійська

Ameerika inglise

американська англійська

mandariini

китайська
високочиновницька

hindi

хінді

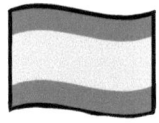

hispaania

іспанська

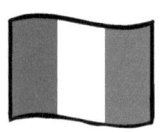

prantsuse

французька

araabia

арабська

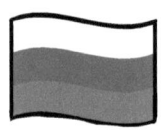

vene

російська

portugali

португальська

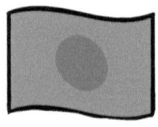

bengali

бенгальська

saksa

німецька

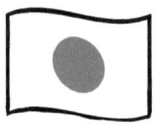

jaapani

японська

mina

я

sina

ти

tema

він / вона / воно

meie

ми

teie

ви

nemad

вони

kes?

хто?

mis?

що?

kuidas?

як?

kus?

де?

millal?

коли?

nimi

ім'я

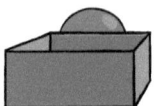

taga

ззаду

sees

в

ees

перед

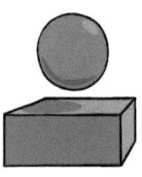

kohal

над

peal

на

all

під

kõrval

біля

vahel

між

koht

місце